I0845407

© Mauricio Valerio

Curridabat, San José,
Costa Rica
2024

# El Discurso Coherente

# Prólogo

## Una Nueva Voz para una Vieja Tradición

En una época donde la retórica política a menudo se enreda en el lenguaje de la confrontación y la hostilidad, surge la necesidad urgente de replantear cómo se deben expresar los políticos y cómo los medios deben expresarse de la política.

Este libro nace de la observación de una paradoja: en Costa Rica, un país sin ejército y con una profunda tradición de paz, sen sigue utilizando metáforas bélicas en el discurso político y en la prensa.

Esta contradicción nos invita a reflexionar sobre el poder del lenguaje y su capacidad para moldear nuestras percepciones y comportamientos.

## Inspiración y Contexto

La inspiración para este libro proviene de la rica historia de Costa Rica y su compromiso inquebrantable con la paz. Desde la abolición del ejército en 1948, Costa Rica ha demostrado que es posible construir una sociedad próspera y, relativamente segura, sin recurrir a la militarización.

Esta decisión histórica no solo ha definido la política interna del país, sino que también ha proyectado una imagen de esperanza y posibilidad al resto del mundo.

Sin embargo, a pesar de esta herencia pacífica, el lenguaje utilizado en el discurso político costarricense a menudo recurre a metáforas de guerra y conflicto. Este fenómeno, que puede parecer trivial a primera vista, tiene implicaciones profundas para la salud de nuestra democracia y la calidad del debate público. Este libro argumenta que es hora de alinear nuestro lenguaje político con nuestros valores de paz y cooperación.

## La Comunicación como Herramienta de Paz

El poder de la comunicación no puede ser subestimado.

Las palabras que elegimos y las metáforas que utilizamos no solo reflejan nuestras realidades, sino que también las construyen. Un lenguaje de guerra y conflicto puede fomentar la división y la desconfianza, mientras que un lenguaje de paz y colaboración, reconocimiento y admiración puede inspirar la unidad y el entendimiento.

Estos párrafos exploran la posibilidad de una teoría de comunicación política pacifista, una que sea coherente con la cultura de paz de Costa Rica y que pueda servir como modelo para otras naciones y medios de cualquier latitud.

A través de un análisis detallado de la historia, la teoría y la práctica, este trabajo ofrece una visión clara de cómo podemos transformar nuestra manera de comunicarnos en el ámbito político y cómo la prensa puede informar "sin ~~tirar~~ pronunciar una sola bala".

## Un Llamado a la Acción

La intención nunca se esconde y desde su título, hasta el último punto, viene implícito el objetivo: invita a políticos, medios de comunicación y ciudadanos a reconsiderar el lenguaje que utilizan y a adoptar un enfoque más pacífico y constructivo.

Al hacerlo, honraremos nuestra tradición de paz, fortaleceremos nuestra democracia y fomentaremos una sociedad más unida y comprensiva.

Al final de cuentas, una sociedad así, está preparada ante populistas y dictadores tropicales. Las herramientas para identificar discursos y personajes circunstanciales están a disposición de todos.

子供が兵士にならないことがわ
かっているコスタリカの母親は
幸せである。

---

*"Dichosa la madre costarricense que sabe que su hijo al nacer jamás será soldado"*

Esta célebre frase, pronunciada por **Ryoichi Sasakawa**, llena de orgullo a los costarricenses y los distingue de muchas otras naciones del mundo: la ausencia de un ejército y el compromiso con la paz.

Ryoichi Sasakawa, un hombre de negocios japonés con un pasado controvertido marcado por acusaciones de colaboración con el régimen militarista durante la Segunda Guerra Mundial, buscó redención en la filantropía.

Habiendo amasado una fortuna en la industria de las carreras de lanchas, Sasakawa fundó la Fundación Nippon, una organización dedicada a causas sociales y humanitarias.

A través de la fundación, financió proyectos de desarrollo en países empobrecidos, promovió la investigación médica y apoyó iniciativas educativas, destacando su lucha incansable contra la lepra, una enfermedad estigmatizada en aquella época.

En los años 80, Sasakawa llegó a Costa Rica, atraído por su belleza natural y compromiso con la paz. Durante su visita, se reunió con líderes políticos y sociales, incluyendo al presidente Óscar Arias Sánchez. Juntos discutieron formas de fortalecer la cooperación entre Japón y Costa Rica en áreas como educación, salud y desarrollo sostenible. Inspirado por la visión de Arias de un mundo libre de armas nucleares, Sasakawa apoyó financieramente esta iniciativa a través de la Fundación Nippon.

Pero su labor en Costa Rica no se limitó a la política. Impresionado por la rica biodiversidad del país, financió proyectos de conservación y protección de especies en peligro de extinción, así como iniciativas educativas para fomentar el conocimiento y la apreciación de la naturaleza entre los jóvenes costarricenses.

Uno de sus legados más importantes fue la creación del Centro de Paz de la Universidad para la Paz, una institución dedicada a la promoción de la paz y el desarrollo humano, financiada en gran parte por la Fundación Nippon.

A pesar de sus esfuerzos filantrópicos, Sasakawa nunca pudo escapar por completo de su pasado. Sus críticos lo acusaron de utilizar la fundación para lavar su imagen y ocultar sus verdaderos motivos.

Sin embargo, es innegable que su legado perdura en las numerosas vidas que tocó y en las causas que apoyó, tanto en Japón como en Costa Rica.

La historia de Ryoichi Sasakawa es un recordatorio de que incluso las figuras más controvertidas pueden encontrar redención a través del servicio a los demás, y su vida es un testimonio del poder de la filantropía para trascender fronteras, transformar vidas y dejar una huella duradera en el mundo.

# Capítulo 1: Historia y Cultura de la Paz en Costa Rica

## 1.1 Abolición del Ejército

### Contexto Histórico

La decisión de abolir el ejército en Costa Rica no fue un hecho aislado, sino el resultado de un contexto histórico específico. Tras la guerra civil de 1948, que duró 44 días y dejó alrededor de 2,000 muertos, el país se enfrentó a una encrucijada. La guerra civil se desencadenó debido a un conflicto electoral y tensiones políticas que se habían acumulado durante años.

El líder del movimiento revolucionario, José Figueres Ferrer, asumió el poder tras la guerra civil y tomó la decisión de abolir el ejército el 1 de diciembre de 1948. Esta decisión fue ratificada en la constitución de 1949, convirtiéndose en uno de los pilares fundamentales del nuevo estado costarricense.

### Impacto Económico y Social

La abolición del ejército tuvo un impacto significativo en la economía y la sociedad de Costa Rica. Los fondos que tradicionalmente se destinaban a las fuerzas armadas fueron dirigidos hacia sectores críticos como la educación y la salud. Este cambio permitió un desarrollo sostenido en estos sectores, mejorando la calidad de vida de los ciudadanos.

- **Educación:** La inversión en educación ha llevado a Costa Rica a tener uno de los sistemas educativos más sólidos de América Latina. La tasa de alfabetización es una de las más altas de la región, y el país ha sido un pionero en la implementación de programas educativos innovadores.

- **Salud:** El sistema de salud costarricense es reconocido a nivel mundial por su eficiencia y cobertura. La esperanza de vida en Costa Rica es una de las más altas de América Latina, y el país ha logrado mantener un sistema de salud público accesible y de alta calidad.

## 1.2 Cultura de Paz

### Educación para la Paz

La cultura de paz se ha fomentado a través de un sistema educativo que pone un fuerte énfasis en valores como el respeto, la solidaridad y la resolución pacífica de conflictos. Desde una edad temprana, los estudiantes son educados en la importancia de la paz y el diálogo. Los programas escolares incluyen estudios de derechos humanos, democracia y civismo.

- **Programas Educativos:** Iniciativas como "Educación para la Paz" y "Escuelas sin Violencia" son ejemplos de cómo el sistema educativo costarricense integra estos valores en el currículo.

- **Participación Ciudadana:** La educación para la paz también fomenta la participación ciudadana y el involucramiento en la toma de decisiones, promoviendo una sociedad más activa y comprometida.

Más allá de estos programas, la mayoría de los costarricenses nunca han visto un soldado o han tenido que escapar dentro o fuera del país por algún conflicto bélico.

Hoy, 2024, un niño de 10 años o de incluso menos, bien puede tener un abuelo que no le contará una historia de guerra que vivió en carne propia.

Quizá es aventurado, pero no descabellado afirmar que los costarricenses traen este sentimiento en su ADN.

## Política Exterior

Costa Rica ha sido un defensor activo de la paz en el ámbito internacional. El país ha promovido iniciativas de desarme y ha jugado un papel crucial en la resolución de conflictos regionales.

Un ejemplo notable es la participación de Costa Rica en el proceso de paz en Centroamérica durante la década de 1980, bajo la mediación del entonces presidente Óscar Arias, quien recibió el Premio Nobel de la Paz en 1987 por sus esfuerzos.

- **Consejo de Seguridad de la ONU:** Costa Rica ha integrado este consejo en tres ocasiones: de 1974 a 1975, de 1997 a 1998 y en el periodo 2008-2009

- **Organizaciones Internacionales:** El país es miembro activo de organizaciones internacionales que promueven la paz y la cooperación.

- **Desarme:** Costa Rica ha sido un firme defensor del desarme nuclear y ha promovido acuerdos internacionales para la reducción de armamentos.

## Costarricenses Destacados

### Óscar Arias Sánchez

En 1997, el Expresidente en dos ocasiones y Premio Nobel de la Paz, **Dr. Óscar Arias** y otros Premios Nobel de la Paz presentaron un Código Internacional de Conducta sobre Transferencia de Armas. Este código, promovido por la Fundación Arias y varias ONG internacionales, buscaba crear un instrumento legalmente vinculante. En 2005, el Sistema de Integración Centroamericano adoptó este código como modelo para un instrumento subregional.

El 19 de septiembre de 2006, Arias presentó la propuesta del TCA en la Asamblea General de la ONU, apoyado por Costa Rica, Argentina, Australia, Finlandia, Japón, Kenia y el Reino Unido. La

ONU aprobó la resolución para su desarrollo el 26 de octubre de 2006. El tratado fue abierto a firmas el 2 de abril de 2013 y entró en vigor el 24 de diciembre de 2014, tras alcanzar 50 ratificaciones. Actualmente, cuenta con 113 Estados miembros.

El TCA, jurídicamente vinculante, regula el comercio de armas convencionales, incluidas municiones, partes y componentes. Abarca la exportación, importación, tránsito, transbordo y corretaje. Los Estados parte deben implementar sistemas nacionales de control y listas de transferencias, además de designar autoridades responsables.

El núcleo del TCA reside en sus artículos sobre prohibiciones y análisis de riesgo de transferencias. Sus objetivos son regular el comercio de armas, prevenir el desvío y el tráfico ilícito, contribuir a la paz y la seguridad, y reducir el sufrimiento humano. La Conferencia de los Estados Parte es su órgano más importante, con sede en Ginebra, Suiza.

## Maritza Chan Valverde

En 2022, hizo historia al convertirse en la primera mujer costarricense en ocupar el cargo de Embajadora y Representante Permanente de Costa Rica ante las Naciones Unidas desde que el país firmó la Carta de las Naciones Unidas en 1945.

En 2024, fue elegida Presidenta de la Primera Comisión de la ONU, conocida como la Comisión de Desarme y Seguridad Internacionales. Este nombramiento marca la primera vez en los 79 años de historia de la organización que una mujer representante permanente ocupa ese puesto.

En su discurso de aceptación resaltó que es "simbólico que sea una mujer de Costa Rica, cultivando nuestro legado de impulsar a las mujeres como agentes de cambios para fomentar la paz y la seguridad internacionales".

La Comisión de Desarme y Seguridad Internacionales desempeña un papel crucial en el tratamiento de temas relacionados con el desarme, la no proliferación y el control de armas convencionales. También aborda medidas para fomentar la confianza entre los Estados miembros, el impacto de las tecnologías emergentes y la creación de zonas libres de armas nucleares.

Chan ha sido reconocida en dos ocasiones, en 2014 y 2021, por el Centro Regional de las Naciones Unidas para la Paz, el Desarme y el Desarrollo en América Latina y el Caribe (UNLIREC), como una de las principales agentes de cambio en el ámbito del control de armas, el desarme y la no proliferación.

## 1.3 Comparación Internacional

### Islandia

Islandia, similar a Costa Rica, no tiene un ejército permanente. La nación ha centrado sus recursos en el bienestar social y la cooperación internacional. Este enfoque ha contribuido a que Islandia tenga uno de los niveles de bienestar y felicidad más altos del mundo.

- **Bienestar Social:** Islandia invierte significativamente en educación y salud, y tiene políticas progresistas en términos de igualdad de género y derechos sociales.

- **Política Exterior:** Islandia promueve activamente la paz y la cooperación internacional, participando en misiones de paz de la ONU y promoviendo el desarme.

### Nueva Zelanda

Nueva Zelanda, aunque mantiene fuerzas armadas, ha adoptado un enfoque pacifista en muchos aspectos de su política exterior y social. Jacinda Ardern, quien dejó el cargo de Primera Ministra en 2023, es conocida por su liderazgo empático y su retórica pacifista.

- **Liderazgo Empático:** La respuesta de Ardern al ataque terrorista de Christchurch en 2019, enfocándose en la unidad y la compasión, es un ejemplo de cómo el liderazgo pacifista puede fortalecer la cohesión social.

- **Política Exterior:** Nueva Zelanda es activa en promover la no proliferación nuclear y participa en esfuerzos de desarme y resolución pacífica de conflictos.

## Análisis Comparativo

La comparación entre Costa Rica, Islandia y Nueva Zelanda revela varios puntos comunes:

- **Inversión en Bienestar Social:** La redirección de recursos de la defensa hacia sectores como la educación y la salud.

- **Liderazgo Pacifista:** Líderes que promueven la paz y la cooperación tanto a nivel nacional como internacional.

- **Educación para la Paz:** Un sistema educativo que fomenta los valores de paz y resolución pacífica de conflictos.

Estas similitudes destacan la viabilidad y los beneficios de una política y una comunicación pacifista, y ofrecen modelos a seguir para otras naciones que deseen adoptar un enfoque similar.

# Capítulo 2: El Poder del Lenguaje en la Comunicación Política

## 2.1 Metáforas y Cognición

George Lakoff y Mark Johnson, en su influyente libro "*Metaphors We Live By*", argumentan que las metáforas no son meramente decorativas; son fundamentales para nuestra manera de pensar y de entender el mundo.

Según estos autores, las metáforas estructuran nuestra experiencia y nuestras percepciones de una manera profunda y a menudo inconsciente. Por ejemplo, cuando describimos la argumentación como una "batalla", nos inclinamos a ver a nuestros oponentes como enemigos y a pensar en ganar o perder, en lugar de buscar el entendimiento mutuo.

### "Una discusión es una guerra"

- Tus afirmaciones son *indefendibles*.
- *Atacó todos los puntos débiles* de mi argumento.
- Sus críticas dieron *justo en el blanco*.
- *Destruí* su argumento.
- Nunca me *ha vencido* en una discusión.
- ¿No estás de acuerdo? Vale, *¡dispara!*
- Si usas *estrategia, te aniquilará*

Para Lakoff y Johson, estas son metáforas que estructuran nuestra comprensión y acciones en una discusión, utilizando términos bélicos como "atacar", "defender", "estrategias" y "líneas de ataque".

También mencionan que, aunque no hay una batalla física real, la estructura de una discusión refleja la de una guerra verbal.

En el contexto de la comunicación política, el uso de metáforas bélicas puede moldear la percepción de la política como una confrontación constante. Esta perspectiva puede fomentar el antagonismo y la polarización, alejándonos de un diálogo constructivo y colaborativo. En una democracia como la costarricense, estas metáforas no solo son inapropiadas e innecesarias, sino también contraproducentes.

## 2.2 El Discurso Bélico en la Política

El discurso político a menudo recurre a metáforas bélicas para dramatizar y captar la atención del público. Frases como "batalla electoral", "estrategia de ataque", "victoria aplastante", y "derrota devastadora" son comunes en la cobertura mediática de las elecciones y las campañas políticas. Este lenguaje puede hacer que la política parezca una guerra constante, donde los oponentes son enemigos a vencer.

Un análisis de los discursos políticos y la cobertura mediática en Costa Rica revela la presencia de estas metáforas bélicas, a pesar de la ausencia de un ejército en el país. Este fenómeno puede parecer paradójico, pero refleja la influencia de modelos de comunicación que no se han adaptado completamente a la realidad,

## 2.3 Efectos Psicológicos

El lenguaje bélico, arraigado en metáforas de guerra y conflicto, ejerce una influencia sutil pero poderosa en la psique de los ciudadanos. Al enmarcar la política como una batalla, este tipo de lenguaje puede desencadenar respuestas emocionales primitivas y profundamente arraigadas.

**Activación de Miedo y Agresión:** Las metáforas bélicas, como "luchar por nuestros derechos" o "derrotar al enemigo", pueden activar el sistema de "lucha o huida" en nuestro cerebro. Este sistema, diseñado para protegernos de amenazas físicas, puede llevarnos a percibir a los oponentes políticos como enemigos existenciales, aumentando la sensación de amenaza y la necesidad de defendernos.

**Polarización y Tribalismo:** Al dividir el mundo político en "nosotros" contra "ellos", el lenguaje bélico refuerza las identidades de grupo y fomenta el tribalismo. Esto puede llevar a una mayor polarización, donde cada lado se *atrinchera* en sus posiciones y se vuelve menos dispuesto a escuchar o comprender al otro.

**Deshumanización del Oponente:** Cuando los oponentes políticos son retratados como enemigos, es más fácil deshumanizarlos, viéndolos como menos dignos de respeto o consideración. Esto puede justificar tácticas agresivas y socavar la empatía y la cooperación necesarias para resolver problemas complejos.

**Distracción de los Problemas Reales:** La política, en su esencia, se trata de resolver problemas y mejorar la vida de las personas. Sin embargo, el lenguaje bélico puede desviar la atención de estos objetivos. Cuando los debates se centran en "ganar" o "perder", es fácil perder de vista los problemas reales que afectan a la sociedad.

Es importante centrarse en lo siguiente: es crucial que el medio de comunicación que organiza el debate considere la convocatoria de especialistas para analizar quién ganó o perdió al finalizar el evento.

No obstante, esta práctica implica una importante responsabilidad ética y editorial. Los medios tienen el poder de influir en la percepción pública de la política y sus actores al presentar y analizar los debates. Al centrarse en la narrativa de victoria o derrota, existe el riesgo de desviar la atención del público de los problemas reales hacia una competencia superficial que no siempre refleja la complejidad o las implicaciones genuinas de las políticas discutidas.

Es esencial que los medios equilibren su deber informativo con la promoción de un entendimiento más profundo y constructivo de los temas políticos, evitando así contribuir a la simplificación excesiva o a interpretaciones sesgadas que puedan empobrecer el debate público.

## Consecuencias del Lenguaje Bélico:

- **Erosión de la Confianza:** La constante retórica de conflicto puede erosionar la confianza en las instituciones y en los propios políticos. Cuando los ciudadanos perciben que la política es una guerra sin cuartel, pueden volverse cínicos y desconfiados, lo que dificulta la gobernabilidad y la cooperación.

- **Aumento de la Apatía Política:** Si la política se percibe como una batalla interminable, los ciudadanos pueden sentirse desanimados y apáticos. Esto puede llevar a una disminución de la participación electoral y a una menor implicación en los asuntos públicos.

- **Empobrecimiento del Debate Democrático:** El lenguaje bélico tiende a simplificar los debates complejos y a reducirlos a consignas y ataques personales. Esto empobrece el discurso público y dificulta la búsqueda de soluciones constructivas.

## Alternativas al Lenguaje Bélico:

Es crucial reconocer que la política no es una guerra. Existen alternativas al lenguaje bélico que pueden fomentar un discurso más constructivo y colaborativo. Algunas de estas alternativas incluyen:

- **Lenguaje de Solución de Problemas:** En lugar de centrarse en la lucha, podemos hablar de colaboración, diálogo y búsqueda de soluciones conjuntas.

- **Metáforas de Construcción y Crecimiento:** Podemos usar metáforas que evoquen la idea de construir un futuro mejor juntos, como "construir puentes" o "sembrar las semillas del cambio".

- **Enfoque en los Valores Compartidos:** Podemos destacar los valores que nos unen como sociedad, como la justicia, la igualdad y el bienestar común.

Debe ser de consideración para el lector validar o refutar que un proceso democrático es inútil cuando el objetivo principal; buscar el bien común de sus ciudadanos y el progreso de una nación, se desvirtúa mediante el constante ataque entre candidatos y la polarización de sus seguidores o votantes.

Leer con detenimiento este capítulo, una vez más, es la clave para entender los párrafos que vendrán. Si bien el aviso pudo haberse hecho al inicio, la premisa es enfatizar la importancia del poder de las palabras en el escenario político y periodístico.

# Capítulo 3: Manipulación Mediática y Discurso Bélico

## 3.1 Teoría de la Propaganda

En *"Manufacturing Consent"*, Noam Chomsky y Edward S. Herman presentan la teoría de la propaganda, que analiza cómo los medios de comunicación pueden manipular la opinión pública a través de la selección y presentación de noticias.

Según esta teoría, los medios no solo informan sino que también moldean y controlan la narrativa para servir a los intereses propios, de las élites políticas y económicas. ¡Es una teoría!

Chomsky y Herman identifican cinco "filtros" que actúan sobre los medios:

1. Propiedad de los medios por grandes corporaciones.

2. Dependencia de la publicidad como principal fuente de ingresos.

3. Uso de fuentes oficiales y "expertos" vinculados a los grupos de poder.

4. "Flak" o retroalimentación negativa para disciplinar a los medios que se desvían del consenso.

5. Anticomunismo y miedo como herramienta de control ideológico (este filtro ha evolucionado con el tiempo).

**Doble cobertura:** Los autores muestran cómo los medios aplican un doble criterio en la cobertura de noticias, dependiendo de si los hechos benefician o perjudican a los intereses de las élites. Por ejemplo, las violaciones de derechos humanos cometidas por gobiernos aliados son minimizadas o ignoradas, mientras que las de gobiernos enemigos son amplificadas y condenadas.

**Consentimiento manufacturado:** El resultado de estos filtros y sesgos es la creación de un "consentimiento manufacturado", es decir, una opinión pública que acepta pasivamente las políticas y acciones de las élites, incluso cuando van en contra de sus propios intereses.

**Medios como herramienta de control social:** Los autores argumentan que los medios de comunicación, en lugar de ser un contrapoder que fiscaliza al poder, actúan como una herramienta de control social que refuerza el statu quo y limita el debate público a temas y perspectivas aceptables para las élites.

El uso de un discurso bélico en los medios puede ser visto como una forma de manipulación mediática. Al dramatizar los eventos políticos como batallas y confrontaciones, los medios pueden generar una sensación de urgencia y peligro, movilizando a la audiencia de una manera emocional y visceral. Este enfoque puede desviar la atención de los problemas reales y promover una agenda basada en el miedo y la desconfianza.

Una crítica que hacen a la teoría de estos autores - y la cual debe exponerse para análisis del lector - es que se subestima la capacidad de los ciudadanos para pensar críticamente, resistir, identificar y descifrar cualquier intento de manipulación.

## 3.2 Casos de Estudio

Para ilustrar cómo se podría utiliza el discurso bélico como herramienta de manipulación mediática, es útil examinar varios casos de estudio:

- **Estados Unidos:** Durante las elecciones presidenciales y las campañas políticas, es común ver el uso de metáforas bélicas en los discursos y la cobertura mediática. Términos como "guerra cultural", "invasión de latinos" y "ataque publicitario" son utilizados para captar la atención de los votantes y generar una narrativa de confrontación constante. Se torna innecesario mencionar el nombre que el lector tiene en mente en este momento para dar un ejemplo contundente.

- **Reino Unido:** En el contexto del Brexit, los medios de comunicación británicos utilizaron un lenguaje bélico para describir las negociaciones y los debates políticos. Frases como "batalla por el Brexit" y "guerra en el parlamento" contribuyeron a polarizar aún más a la sociedad británica y a dificultar el diálogo constructivo.

- **Venezuela:** En un contexto de crisis política y económica, el discurso bélico ha sido utilizado tanto por el gobierno como por la oposición para movilizar a sus bases y justificar sus acciones. La narrativa de guerra y confrontación ha exacerbado las tensiones y ha llevado a un aumento de la violencia y la represión. ¡Cómo olvidar los gritos de Hugo Chavez cuando apodó a George W. Bush *"Mr. Danger"*!

## 3.3 Consecuencias para la Democracia

El uso del discurso bélico en la política puede tener varias consecuencias negativas para la democracia:

- **Erosión del debate público:** Al encasillar a los oponentes políticos como enemigos, se dificulta el diálogo constructivo y se fomenta la polarización. La confianza de poder mantener un intercambio se viene al suelo, al igual que las buenas intenciones y la voluntad de todas las partes. Los debates se convierten en -y disculpe el lector la ironía - en campos de batalla donde se busca la destrucción del otro en lugar de la búsqueda mutua de soluciones.

- **Deslegitimación de la oposición:** El lenguaje bélico contribuye a deslegitimar a la oposición política, presentándola como una amenaza existencial para la nación. Esto puede llevar a la exclusión de voces disidentes y a la restricción de la participación política. También encasilla a sus militantes o a quienes decidieron inclinarse hacia un lado, como enemigos declarados.

- **Justificación de medidas extremas:** La retórica bélica puede utilizarse para justificar medidas autoritarias y represivas en nombre de la "seguridad nacional" o la "defensa de la democracia". Esto puede llevar a la restricción de libertades civiles y a la violación de derechos humanos.

- **Desinformación y manipulación:** El uso de metáforas bélicas y la dramatización de los eventos políticos pueden desviar la atención de los problemas reales y dificultar la comprensión de los temas complejos. Esto facilita la manipulación de la opinión pública y la difusión de noticias falsas.

- **Cultura de odio y violencia:** El lenguaje bélico puede contribuir a la normalización de la violencia y el odio en la sociedad. Esto puede tener consecuencias graves para la convivencia pacífica y la cohesión social.

- **Desmovilización ciudadana:** La constante exposición a un discurso de conflicto y confrontación puede generar apatía y desilusión en la ciudadanía. Esto puede llevar a la desmovilización política y a la pérdida de confianza en las instituciones democráticas. Aunque hay algo más peligroso: la falsa esperanza y la confianza masiva en personajes inexpertos, populistas y prefabricados; mandados a hacer, pues.

# Capítulo 4: Hacia una Comunicación Política Pacifista

## 4.1 Principios de la Comunicación Pacifista

La comunicación política pacifista se centra en construir una esfera pública basada en el respeto, la colaboración y la transparencia.

El lector, el político o el periodista no debe sentirse culpable o frustrado si lo anterior resulta difícil de imaginar, entender o poner en práctica, sobre todo después de décadas de campañas sucias, amañadas, cruelmente estratégicas y sobre todo, campañas que no escatiman en utilizar herramientas malolientes a la hora de captar votos.

Los medios de comunicación, la prensa, sus directores y periodistas, son protagonistas si se quiere adoptar esta teoría. No sólo su prosa debe cambiar y adoptar nuevos principios, sino también sus formatos de entrevistas, de debates y de crónicas.

Tampoco debe haber confusionismos con lo anterior y el hermoso deber periodístico de indagar, investigar, preguntar lo incómodo y necesario y acudir a las repreguntas cuando es necesario.

Los próximos son tres principios esenciales para crear un entorno político que refleje los valores de paz y cooperación que son fundamentales en una democracia saludable:

### 1. Colaboración

En lugar de fomentar la confrontación y el antagonismo, la comunicación política pacifista se enfoca en la colaboración y el trabajo conjunto para resolver problemas sociales. Esto significa promover un discurso que busque puntos comunes y soluciones compartidas.

La colaboración requiere un cambio de mentalidad: de ver la política como un campo de batalla a verla como un esfuerzo colectivo. Las metáforas y narrativas utilizadas deben reflejar esta orientación hacia la cooperación y la creación conjunta de políticas y soluciones.

Es necesario utilizar una palabra propia de la guerra, pero también de la paz: una democracia y todos sus procesos, deben ser entendidos y puestos en práctica como lo hacen los **aliados** en cualquier causa que busque un resultado común.

## 2. Transparencia

La transparencia y la honestidad son fundamentales para mantener la confianza del público. La comunicación política pacifista implica ser claro y directo en la transmisión de información, evitando la manipulación y la desinformación. Los ciudadanos tienen derecho a conocer los hechos y a recibir información precisa y completa sobre las decisiones y políticas que les afectan.

El lector debe disculpar la siguiente referencia indirecta a un personaje político actual: no es aceptable presentarse durante años como una periodista impoluta, acusatoria y jueza sin debido proceso, para luego convertirse en una diputada que olvida o decide ignorar todo lo que alguna vez criticó y condenó frente a sus cámaras.

Este comportamiento no solo confunde y traiciona la confianza del público, sino que también erosiona la integridad del periodismo y la política. La incoherencia entre sus palabras y acciones pone en evidencia una falta de principios que resulta alarmante, ya que aquellos que ocupan cargos públicos deben ser modelos de coherencia y ética. Al menos debe reconocer su pasado, rectificarse y anunciar su nueva forma de pensar.

Este caso nos recuerda la importancia de la congruencia en el discurso y la práctica, y la necesidad de exigir responsabilidad y transparencia a nuestros representantes.

## 3. Respeto y Dignidad

El respeto y la dignidad son los pilares sobre los cuales se debe construir cualquier discurso político.

En la comunicación política pacifista, esto implica tratar a todos los actores políticos con cortesía y reconocimiento de su valor intrínseco como seres humanos. Independientemente de las diferencias ideológicas o partidistas, todos los individuos merecen ser escuchados y tratados con consideración.

El respeto también implica evitar el uso de lenguaje despectivo, ofensivo o deshumanizante. El trato siempre debe ser ciego ante el **género, origen, orientación sexual, edad o cualquier otro factor** que pueda crear polarización entre los votantes.

Las críticas deben centrarse en las ideas y no en las personas. Este enfoque fomenta un ambiente de diálogo constructivo y reduce la polarización.

Sobre lo anterior, es importante ahondar en esos factores, pero con ejemplos concisos:

• **Género:**

**Laura Chinchilla**, la primera mujer presidenta de Costa Rica, recibió a la prensa en la puerta de su casa para dar inicio con la campaña del Censo Nacional.

Los atendió afuera y no los invitó a ingresar, pues básicamente fueron convocados para que las cámaras registraran cómo un funcionario del Instituto Nacional de Estadística y Censo (INEC) le hacía el cuestionario de rigor.

*-¿Por qué no nos deja entrar, aún no ha limpiado?"*, preguntó una periodista mientras su noticiario transmitía en directo a la hora del almuerzo.

Juzgará el lector si la pregunta fue machista o no, pero también aceptará que esto no se le habría cuestionado a un Presidente varón.

Años después Chinchilla diría lo siguiente en una entrevista general que le hizo aquel mismo medio:

*"Llegar a ocupar este puesto ha supuesto romper una serie de prejuicios. Por qué no se hicieron esas cosas con un presidente hombre, o por qué se le pregunta a la gente si volvería a votar por una mujer"*, **achacó**.

Note el lector que ese **"achacó"**, en *negrita,* se incluye en la versión escrita de la entrevista. ¿Qué tal un **"indicó"**, **"mencionó** o un simple, periodístico, objetivo y sin intención **"recalcó"**.

Los años pasaron, Chinchilla se los hizo notar enfáticamente, y todo siguió igual.

- **Origen:**

**Barack Obama**, como el primer presidente afroamericano de los Estados Unidos, rompió barreras raciales históricas. Su elección en 2008 representó un hito significativo en la lucha por la igualdad racial en un país con una larga historia de segregación y discriminación racial.

Obama no solo fue un símbolo de progreso para la comunidad afroamericana, sino que también implementó políticas inclusivas y promovió el diálogo sobre la raza y la justicia social, enfrentando desafíos y críticas con dignidad y firmeza.

Su liderazgo inspiró a millones de personas de todas las razas a creer en la posibilidad de un cambio positivo y en la importancia de juzgar a los individuos por sus capacidades y no por el color de su piel.

- **Edad y Orientación Sexual**

**Gabriel Attal**, con 34 años de edad se convirtió en el Primer Ministro más joven de la historia moderna de Francia. Algunos medios lo bautizaron como el *Mini Macrón* y lo calificaron como *niño prodigio*.

Para los franceses, la corta edad de Attal no es sinónimo de incapacidad, como tampoco lo es que sea pareja de otro joven prodigio, el eurodiputado Sthéphane Séjourné.

*"Guapo, joven, encantador, popular y convincente, Attal llega al cargo con un aura de gloria, igual que su mentor y modelo, el propio presidente"* enumeró *BBC París*, en un amplio reportaje, como algunas de las razones de su designación.

## 4.2 Metáforas Positivas

Como se analizó anteriormente, las metáforas son poderosas herramientas de comunicación que moldean nuestra percepción de la realidad. En lugar de recurrir a metáforas bélicas, la comunicación política pacifista utiliza metáforas positivas que inspiran y motivan.

Está demostrado que quienes aprenden - y como consejo al lector - comparando el concepto erróneo con el correcto, tienden a confundirse.

¿Incurríamos en el típico e incorrecto "de acuerdo a" si los maestros sólo nos enseñaran la forma correcta "de acuerdo con"?

Por lo tanto, queda sobrando un antónimo que compare las siguientes metáforas:

- **Viaje**

Describir el proceso político como un viaje en el que todos los ciudadanos participan para alcanzar un destino común puede ser una metáfora poderosa. Un viaje implica movimiento, progreso y la idea de que todos están en el mismo camino, aunque puedan tener diferentes roles y responsabilidades. Esta metáfora puede fomentar la idea de unidad y propósito compartido.

Ejemplo: "Estamos en un viaje hacia una sociedad más justa y equitativa, donde cada paso que damos nos acerca más a nuestras metas comunes."

- **Construcción**

Comparar la política con la construcción de una casa o una comunidad resalta la importancia de la colaboración y el trabajo conjunto. En esta metáfora, cada persona tiene un papel crucial en la creación de un futuro mejor, y el éxito depende de la cooperación y la contribución de todos... incluso el partido político del frente.

Ejemplo: "La construcción de nuestro país requiere el esfuerzo y la dedicación de todos nosotros, trabajando juntos para construir una base sólida para las futuras generaciones."

- **Cuidado**

Usar metáforas de cuidado y cultivo, como un jardín, sugiere que las ideas y las políticas requieren tiempo, atención y paciencia para florecer. Esta metáfora enfatiza la necesidad de un enfoque cuidadoso y considerado en la toma de decisiones políticas.

Ejemplo: "Nuestras políticas deben ser como un jardín bien cuidado, donde cada iniciativa se nutre y se cultiva para que pueda crecer y beneficiar a toda la comunidad."

## 4.3 Transparencia y Honestidad

La transparencia y la honestidad son esenciales para una comunicación política efectiva y ética. Los políticos y los medios de comunicación deben comprometerse a:

- **Proveer Información Veraz**

Es crucial compartir información precisa y verificable, evitando la desinformación y las noticias falsas. La veracidad en la comunicación construye confianza y permite a los ciudadanos tomar decisiones informadas.

Ejemplo: "Nos comprometemos a proporcionar datos exactos y a aclarar cualquier malentendido para que la ciudadanía esté siempre bien informada."

- **Facilitar el Diálogo**

Crear espacios para el diálogo abierto y respetuoso es fundamental. Estos espacios permiten que los ciudadanos expresen sus opiniones y preocupaciones, y que los líderes políticos respondan de manera constructiva.

Ejemplo: "Invitamos a todos a participar en foros comunitarios donde podamos escuchar sus ideas y trabajar juntos para encontrar soluciones."

- **Rendir Cuentas**

Ser responsables y rendir cuentas por sus acciones y decisiones fomenta la confianza y la credibilidad. Los líderes políticos deben estar dispuestos a explicar sus decisiones y a aceptar la crítica constructiva.

Ejemplo: "Estamos aquí para servirles y siempre rendiremos cuentas por nuestras acciones. Su confianza es nuestra mayor responsabilidad."

# Capítulo 5: Estrategias y Herramientas para Políticos, Medios de Comunicación y Ciudadanos

## 5.1 Estrategias de Comunicación

### Entrenamiento en Comunicación

Para implementar una comunicación política pacifista, una de las estrategias más efectivas es ofrecer programas de capacitación especializados para políticos y comunicadores. Estos programas deben enfocarse en enseñar el uso de un lenguaje positivo y constructivo. Algunos aspectos clave del entrenamiento pueden incluir:

- **Lenguaje Positivo y Constructivo**

La capacitación debe incluir módulos sobre la elección de palabras y frases que promuevan la cooperación y la comprensión mutua. Los participantes aprenderán a evitar términos que inciten al conflicto y, en su lugar, utilizarán un vocabulario que fomente la unidad y el entendimiento.

- **Técnicas de Persuasión**

El desarrollo de habilidades persuasivas es crucial para comunicar ideas de manera efectiva sin recurrir a metáforas bélicas o retóricas agresivas. Los talleres pueden enseñar a los políticos cómo estructurar sus argumentos de manera lógica y emocionalmente resonante, utilizando ejemplos positivos y constructivos.

- **Ejercicios Prácticos**

Realizar simulaciones y ejercicios prácticos permite a los participantes practicar y recibir retroalimentación sobre su comunicación. Estas actividades pueden incluir debates simulados, presentaciones y sesiones de retroalimentación en grupo.

## Revisión de Discurso

Implementar procesos de revisión y edición de discursos y publicaciones es crucial para asegurar que se evite el lenguaje bélico y se promueva la cooperación. Algunas medidas incluyen:

- **Comités de Revisión**

Establecer comités especializados encargados de revisar todos los discursos y publicaciones oficiales antes de su difusión. Estos comités deben estar compuestos por expertos en comunicación, lingüistas y representantes de la sociedad civil.

- **Guías de Estilo**

Desarrollar y distribuir guías de estilo que detallen el tipo de lenguaje y enfoques comunicativos aceptables y recomendados. Estas guías pueden incluir ejemplos concretos de cómo reformular frases conflictivas en términos más pacíficos.

- **Software de Análisis**

Utilizar software de análisis de texto para identificar y corregir el uso de lenguaje bélico o conflictivo. Este software puede ser una herramienta valiosa para asegurar la coherencia en la comunicación y facilitar el trabajo de los comités de revisión.

# Campañas Educativas

Las campañas educativas son esenciales para informar a la ciudadanía sobre la importancia del lenguaje y su influencia en la percepción y el comportamiento. Las campañas pueden incluir:

- **Publicidad y Medios**

Utilizar anuncios en televisión, radio, y plataformas digitales para difundir mensajes sobre la importancia de un lenguaje pacífico. Los anuncios pueden presentar testimonios de líderes respetados y ciudadanos sobre los beneficios de una comunicación no violenta.

- **Eventos y Talleres**

Organizar eventos y talleres comunitarios que eduquen a los ciudadanos sobre cómo pueden contribuir a una comunicación política más pacífica. Estos eventos pueden incluir paneles de discusión, sesiones de capacitación y actividades interactivas.

- **Materiales Educativos**

Distribuir folletos, libros y materiales educativos en escuelas, bibliotecas y centros comunitarios. Estos materiales pueden ofrecer ejemplos concretos de comunicación pacífica y estrategias para aplicarla en la vida diaria.

## 5.2 Capacitación para Políticos

## Técnicas de Comunicación Efectiva

El lector debe entender que con "políticos", siempre se ha hecho y se hará mención indirecta a todas las personas que se involucran en una campaña.

Los compañeros de formula, los estrategas de comunicación, los encargados de construir el Plan de Gobierno, y quienes movilizan votantes a través de programas y movimientos, se engloban en el concepto de "político" a lo largo de estos párrafos.

Ellos, los políticos, pueden beneficiarse enormemente de programas de capacitación que les enseñen cómo comunicar sus ideas y propuestas de manera clara y persuasiva sin recurrir a metáforas bélicas. Algunos componentes clave incluyen:

- **Claridad y Simplicidad**

Entrenar en la formulación de mensajes claros y sencillos que sean fácilmente comprendidos por una audiencia amplia. Esto incluye el uso de un lenguaje accesible y la evitación de tecnicismos innecesarios.

- **Narrativas Positivas**

Fomentar el uso de historias y ejemplos que resalten soluciones y éxitos en lugar de problemas y conflictos. Las narrativas positivas pueden inspirar y motivar a los ciudadanos a involucrarse activamente en la vida política.

## Resolución de Conflictos

Desarrollar estrategias para manejar y resolver conflictos de manera pacífica y constructiva es fundamental para cualquier político. La capacitación en resolución de conflictos puede incluir:

- **Mediación y Negociación**

Enseñar técnicas de mediación y negociación que permitan llegar a acuerdos mutuamente beneficiosos. Los políticos aprenderán a identificar intereses comunes y a trabajar hacia soluciones que satisfagan a todas las partes involucradas.

- **Enfoques Colaborativos**

Promover un enfoque colaborativo en la resolución de problemas, donde todas las partes interesadas trabajen juntas hacia una solución común. Este enfoque puede fortalecer las relaciones y fomentar un ambiente de confianza y cooperación.

## Escucha Activa

La importancia de escuchar y entender las preocupaciones y perspectivas de los ciudadanos no puede ser subestimada. Los programas de capacitación pueden enfatizar:

- **Técnicas de Escucha**

Entrenar en técnicas de escucha activa que mejoren la capacidad de comprender verdaderamente las necesidades y preocupaciones de los ciudadanos. Esto incluye habilidades como parafrasear, resumir y hacer preguntas clarificadoras.

- **Empatía y Comprensión**

Fomentar la empatía y la comprensión como componentes esenciales de la comunicación política. Los políticos aprenderán a ponerse en el lugar de los ciudadanos y a responder de manera compasiva y considerada.

## 5.3 Rol de los Medios

## Cobertura Responsable

Los medios de comunicación tienen un papel crucial en la promoción de una comunicación política pacifista. La cobertura responsable implica:

- **Evitar el Sensacionalismo**

Abstenerse del sensacionalismo y el amarillismo y el uso de lenguaje bélico en la cobertura de eventos políticos. Los medios deben centrarse en informar de manera equilibrada y objetiva, evitando el amarillismo que puede exacerbar los conflictos.

- **Informes Balanceados**

Proporcionar informes equilibrados que presenten múltiples perspectivas y eviten la polarización. Los reportajes deben reflejar la complejidad de los temas y dar voz a diferentes actores involucrados en los acontecimientos.

## Promoción del Diálogo

Facilitar y promover debates y discusiones respetuosas y constructivas es esencial para los medios. Esto puede incluir:

- **Programas de Debate**

Crear y difundir programas de debate donde se fomente la discusión respetuosa y constructiva entre diferentes puntos de vista. Los moderadores deben estar capacitados para mantener el orden y garantizar que todas las voces sean escuchadas.

- **Foros Comunitarios**

Organizar foros comunitarios y espacios de diálogo donde los ciudadanos puedan interactuar directamente con sus representantes y entre ellos. Estos foros pueden ayudar a construir puentes de comunicación y a resolver malentendidos.

# Educación del Público

Informar y educar al público sobre la importancia de la paz y la cooperación en la política es una responsabilidad clave de los medios. Las iniciativas pueden incluir:

- **Documentales y Reportajes**

Producir documentales y reportajes que resalten ejemplos de cooperación y resolución pacífica de conflictos en la política. Estos programas pueden inspirar a la audiencia a valorar y apoyar iniciativas de paz.

- **Campañas Informativas**

Lanzar campañas informativas que eduquen al público sobre los beneficios de un enfoque pacifista en la política y cómo pueden apoyar estos esfuerzos. Las campañas pueden utilizar diversos formatos, como videos, artículos y eventos en vivo.

## 5.4 El Papel del Tribunal Supremo de Elecciones

El Tribunal Supremo de Elecciones (TSE) tiene un rol fundamental en garantizar una comunicación política pacifista y en regular la conducta de los actores políticos durante los procesos electorales. Sus funciones pueden incluir:

## Regulación y Supervisión

- **Normativas de Comunicación**

El TSE puede establecer normativas específicas que regulen el uso del lenguaje en las campañas electorales. Estas normativas pueden prohibir expresamente el uso de retórica bélica y lenguaje que incite al odio o la violencia, promoviendo en su lugar una comunicación respetuosa y constructiva.

- **Supervisión de Campañas**

El TSE debe supervisar activamente las campañas electorales para asegurar el cumplimiento de estas normativas. Esto incluye monitorear los discursos, debates, anuncios publicitarios y publicaciones en redes sociales de los candidatos y partidos políticos.

## Educación y Capacitación

- **Programas de Sensibilización**

El TSE puede desarrollar programas de sensibilización para educar a los candidatos y sus equipos de campaña sobre la importancia de una comunicación pacifista. Estos programas pueden incluir talleres, seminarios y materiales educativos que promuevan un discurso respetuoso y constructivo.

- **Colaboración con Medios y ONGs**

El TSE puede colaborar con medios de comunicación y organizaciones no gubernamentales (ONGs) para promover campañas educativas que resalten la importancia de una comunicación política pacífica. Esta colaboración puede ayudar a amplificar el alcance y el impacto de estas iniciativas.

## Sanciones y Medidas Correctivas

- **Imposición de Sanciones**

El TSE debe tener la autoridad para imponer sanciones a los candidatos y partidos que violen las normativas de comunicación. Estas sanciones pueden incluir multas, restricciones en el acceso a medios de comunicación y, en casos graves, la descalificación de candidatos.

- **Medidas Correctivas**

Además de sancionar, el TSE puede implementar medidas correctivas que obliguen a los infractores a rectificar su conducta. Esto puede incluir la emisión de disculpas públicas, la retirada de anuncios ofensivos y la participación obligatoria en programas de sensibilización.

## Fomento de la Transparencia

- **Divulgación de Información**

El TSE debe garantizar la transparencia en el proceso electoral mediante la divulgación de información clara y accesible sobre las normativas de comunicación y las sanciones impuestas. Esto incluye la publicación de informes regulares sobre el cumplimiento de las normativas y las acciones tomadas.

- **Participación Ciudadana**

Fomentar la participación ciudadana en la supervisión del proceso electoral es clave. El TSE puede establecer canales de denuncia para que los ciudadanos reporten violaciones a las normativas de comunicación, y garantizar que estas denuncias sean investigadas y abordadas de manera transparente y justa.

# Capítulo 6: Casos de Éxito y Lecciones Aprendidas

## 6.1 Estudios de Caso

Examinemos algunos ejemplos de países y campañas que han implementado con éxito una comunicación pacifista:

**Nueva Zelanda:** La Exprimera Ministra Jacinda Ardern ha sido reconocida por su enfoque empático y colaborativo en la política, utilizando un lenguaje inclusivo y positivo. Su liderazgo durante la crisis del COVID-19 y tras el ataque terrorista en Christchurch se destacó por la claridad, la compasión y la inclusividad. Ardern enfatizó la unidad y la comunidad, lo cual resonó profundamente en el público, creando un sentido de cohesión y resiliencia.

Durante el ataque de Christchurch en 2019, Ardern evitó mencionar el nombre del perpetrador, destacando que no le daría la fama que buscaba. En cambio, se centró en apoyar a las víctimas y sus familias, y en unir a la nación contra el odio y el extremismo. Esta estrategia de comunicación fue ampliamente elogiada y ayudó a Nueva Zelanda a procesar el trauma de manera colectiva, con un enfoque en la solidaridad y el apoyo mutuo.

En la gestión de la pandemia de COVID-19, Ardern se comunicó de manera transparente y accesible, ofreciendo actualizaciones frecuentes y claras. Utilizó un tono calmado y comprensivo, enfatizando la importancia de cuidarse mutuamente y de cumplir con las medidas de seguridad para proteger a los más vulnerables. Este enfoque no solo ayudó a mantener altos niveles de cumplimiento con las medidas sanitarias, sino que también reforzó la confianza pública en el gobierno.

**Finlandia:** Con una fuerte tradición de bienestar social y educación, Finlandia promueve una comunicación política basada en la cooperación y la participación ciudadana. La transparencia gubernamental y el diálogo abierto son pilares de la sociedad finlandesa, fomentando una cultura de confianza y compromiso. Los líderes finlandeses priorizan la educación cívica y la equidad social, lo que refuerza una comunicación política que busca el consenso y la resolución pacífica de conflictos.

Finlandia ha implementado políticas exitosas en el ámbito educativo que reflejan esta filosofía. El sistema educativo finlandés es conocido por su énfasis en la equidad y la inclusión. Los maestros son altamente valorados y reciben una formación extensiva en pedagogía y gestión de conflictos. Este enfoque crea un ambiente escolar que promueve el respeto mutuo y la cooperación desde una edad temprana.

En el ámbito político, la presidenta finlandesa Sanna Marin y sus colegas han mantenido una comunicación abierta y directa con la ciudadanía, especialmente durante la crisis del COVID-19. Han utilizado plataformas digitales para interactuar con el público, respondiendo preguntas y aclarando dudas de manera regular. Este nivel de interacción y transparencia ha fortalecido la confianza en el gobierno y ha facilitado una respuesta unificada a la pandemia.

**Uruguay:** Bajo el liderazgo de José Mujica, Uruguay destacó por su discurso centrado en la igualdad, la justicia social y la paz, evitando el lenguaje bélico. Mujica, conocido por su estilo de vida humilde y su sinceridad, utilizó un lenguaje accesible y humanizador. Su énfasis en la empatía y la solidaridad ayudó a promover políticas progresistas y a fortalecer la cohesión social en el país.

Mujica, quien fue presidente de Uruguay entre 2010 y 2015, es conocido por sus discursos emotivos y su estilo de vida austero. Abogó por políticas que promueven la justicia social, como la legalización del matrimonio igualitario y la marihuana, así como la promoción de los derechos humanos. En sus discursos, a menudo destacaba la importancia de la paz, la solidaridad y la humildad, tanto a nivel personal como político.

Durante su mandato, Mujica también promovió una política exterior basada en la cooperación y la paz. Uruguay, bajo su liderazgo, se involucró en misiones de paz de las Naciones Unidas y abogó por la resolución pacífica de conflictos internacionales. Su enfoque pacifista en la política exterior reflejaba sus valores personales y su compromiso con una comunicación política basada en la empatía y la cooperación.

## 6.2 Análisis de Impacto

Evaluar los resultados y beneficios de adoptar un enfoque pacifista en la comunicación política puede proporcionar valiosas lecciones.

Los casos de éxito muestran que:

**Mayor Participación Ciudadana:** Un lenguaje positivo y colaborativo puede aumentar la participación y el compromiso cívico. Los ciudadanos se sienten más motivados a involucrarse cuando perciben que sus líderes promueven un ambiente inclusivo y respetuoso. Por ejemplo, en Nueva Zelanda, la respuesta de la comunidad al llamado de Jacinda Ardern para unirse en apoyo de las víctimas de Christchurch fue masiva y emotiva, mostrando una participación activa y solidaria.

En Finlandia, la cultura de participación ciudadana está profundamente arraigada. La transparencia y la accesibilidad del gobierno finlandés fomentan un alto nivel de compromiso cívico. Los ciudadanos son regularmente consultados sobre políticas públicas y se les anima a participar en el proceso de toma de decisiones. Este enfoque participativo no solo mejora la calidad de las políticas, sino que también fortalece la cohesión social.

**Mejora en la Percepción Pública:** Los líderes que utilizan un discurso pacifista tienden a ser percibidos como más confiables y efectivos. La empatía y la compasión en la comunicación construyen una imagen pública favorable, lo que puede traducirse en mayor apoyo y legitimidad. Jacinda Ardern, por ejemplo, ha mantenido consistentemente altos niveles de popularidad debido a su enfoque inclusivo y compasivo.

En Uruguay, José Mujica es ampliamente respetado y admirado tanto dentro como fuera de su país. Su honestidad y humildad, reflejadas en su estilo de vida y su discurso, han creado una imagen pública muy positiva. Esto ha fortalecido su legado y ha inspirado a otros líderes a adoptar un enfoque similar en su comunicación política.

**Reducción de la Polarización:** La comunicación pacifista puede ayudar a reducir la polarización y promover un diálogo más constructivo. Al centrarse en puntos comunes y soluciones compartidas, los líderes pueden mitigar las divisiones y fomentar un ambiente de cooperación. En Finlandia, la cultura de diálogo abierto y respetuoso ha contribuido a mantener una sociedad menos polarizada y más cohesionada.

En Nueva Zelanda, la respuesta de Ardern a los eventos divisivos ha ayudado a unir a la nación en lugar de dividirla. Su insistencia en la unidad y el apoyo mutuo ha creado un ambiente en el que las diferencias se manejan de manera constructiva. Esto ha sido evidente en la respuesta de la comunidad a diversas crisis, donde el enfoque en la empatía y la solidaridad ha predominado sobre la división.

## 6.3 Lecciones Aprendidas

De estos ejemplos, podemos extraer varias lecciones importantes:

**Adaptar el Lenguaje al Contexto:** Es crucial que el lenguaje político refleje los valores y la cultura de la sociedad a la que se dirige. Los mensajes deben ser culturalmente sensibles y resonar con las experiencias y expectativas del público. En Nueva Zelanda, el enfoque de Jacinda Ardern en la inclusión y la comunidad refleja los valores profundamente arraigados en la sociedad neozelandesa.

En Finlandia, la transparencia y la participación son valores fundamentales. Los líderes finlandeses han adaptado su comunicación para reflejar estos principios, utilizando un lenguaje que enfatiza la cooperación y la equidad. Esto ha ayudado a mantener un alto nivel de confianza en el gobierno y a fomentar una sociedad más unida.

**Enfocar en la Solución:** Los discursos que se centran en la cooperación y la búsqueda de soluciones tienden a ser más efectivos y bien recibidos. En lugar de señalar culpables, es más productivo hablar de cómo trabajar juntos para resolver problemas.

En Uruguay, José Mujica a menudo centraba sus discursos en la búsqueda de soluciones prácticas y la cooperación, lo que ayudó a construir un sentido de comunidad y propósito compartido.

En Finlandia, el enfoque en la resolución de problemas a través del diálogo y la cooperación ha sido clave para su éxito. Los líderes finlandeses promueven un discurso que busca soluciones consensuadas y prácticas, lo que ha contribuido a una sociedad menos polarizada y más colaborativa.

**Fomentar la Educación:** La educación cívica y la capacitación en comunicación son esenciales para desarrollar una cultura política pacifista. Invertir en la formación de ciudadanos y líderes en habilidades de comunicación no violenta puede tener un impacto duradero en la sociedad. En Finlandia, el sistema educativo no solo se centra en el rendimiento académico, sino también en la formación de ciudadanos responsables y participativos.

En Nueva Zelanda, la educación en valores de inclusión y respeto es una parte integral del sistema educativo. Esto se refleja en una sociedad que valora la diversidad y la cooperación, y que está mejor equipada para enfrentar los desafíos de manera colectiva y pacífica.

# Capítulo 7: Reinterpretando "El Arte de la Guerra"

"El Arte de la Guerra", escrito por Sun Tzu, es un antiguo tratado chino sobre estrategia militar que ha influido en diversos campos, incluyendo la política y la gestión empresarial.

El libro, compuesto por trece capítulos, aborda aspectos cruciales de la estrategia militar, como la planificación, el engaño, y el uso eficiente de los recursos.

Aunque es conocido por sus metáforas bélicas, los principios subyacentes pueden reinterpretarse para un enfoque pacifista y colaborativo en la comunicación política.

- ## Conocimiento y Análisis del Entorno: Conocer para Conectar

**Sun Tzu dice:**

*"Si conoces al enemigo y te conoces a ti mismo, no debes temer el resultado de cien batallas."*

**Reinterpretación:**

En comunicación política, esto se traduce en la importancia de conocer tanto a la audiencia como a los otros actores políticos. En lugar de considerar a otros como enemigos, se trata de entender a todos los participantes en el proceso político. Conocer sus necesidades, valores y puntos de vista es crucial para diseñar mensajes efectivos y fomentar un diálogo constructivo.

**Aplicación:**

La empatía y la escucha activa son fundamentales. Realizar encuestas, participar en foros comunitarios y mantener una comunicación abierta con todos los grupos de interés permite crear estrategias de comunicación que resuenen profundamente y fomenten la colaboración.

## • Adaptabilidad y Flexibilidad: Innovar y Evolucionar

**Sun Tzu dice:**

*"En la guerra, el estratega que tenga la mayor flexibilidad de mente obtendrá la victoria."*

**Reinterpretación:**

La comunicación política debe ser adaptable y flexible, no para ganar batallas, sino para evolucionar y mejorar continuamente. Los mensajes y estrategias deben ajustarse rápidamente en respuesta a los cambios en la opinión pública y los eventos actuales, siempre con un enfoque en el bienestar común.

**Aplicación:**

Adoptar una mentalidad abierta y receptiva permite a los líderes políticos innovar y responder eficazmente a nuevas situaciones. La retroalimentación constante y el aprendizaje continuo son claves para mantener la relevancia y efectividad en la comunicación.

## • Importancia de la Estrategia y Planificación: Diseñar con Propósito

**Sun Tzu dice:**

*"Toda guerra se basa en el engaño."*

**Reinterpretación Pacifista:**

En política, en lugar de basar la estrategia en el engaño, se debe priorizar la transparencia y la integridad. La planificación estratégica debe enfocarse en diseñar mensajes claros y auténticos que reflejen los verdaderos valores y objetivos del líder o del partido.

**Aplicación:**

La coherencia y la autenticidad en la comunicación construyen confianza. Cada mensaje debe alinearse con una visión clara y ética, promoviendo la transparencia y fomentando una relación de confianza con el público.

## • Uso de la Información y la Inteligencia: Comunicar con Transparencia

**Sun Tzu dice:**

*"Lo que es de suprema importancia en la guerra es atacar la estrategia del enemigo."*

**Reinterpretación:**

En lugar de atacar la estrategia de los otros, se debe usar la información de manera positiva y constructiva. La transparencia y la honestidad deben guiar todas las comunicaciones, compartiendo información clara y precisa para construir confianza y credibilidad.

**Aplicación:**

Fomentar una comunicación abierta y honesta implica ser transparente sobre las políticas, los desafíos y las decisiones. Esto fortalece la relación con la comunidad y promueve una cultura de confianza y cooperación. Refutar con criterio y datos, estrategias apenas no debe ser mal visto, y es un recurso muy valioso.

## • Control y Manejo de las Emociones: Construir desde la Serenidad

**Sun Tzu dice:**

*"La excelencia suprema consiste en romper la resistencia del enemigo sin luchar."*

**Reinterpretación:**

En política, la excelencia consiste en construir consenso y entendimiento sin confrontación. La comunicación calmada y controlada busca persuadir y convencer a través del diálogo respetuoso y la cooperación, minimizando el conflicto y promoviendo la armonía.

**Aplicación:**

Mantener un tono sereno y constructivo en todas las interacciones políticas ayuda a crear un ambiente de respeto y comprensión. La paciencia y la diplomacia son esenciales para manejar las emociones y resolver desacuerdos de manera efectiva.

## • Liderazgo y Moral: Inspirar con el Ejemplo

**Sun Tzu dice:**

*"Un líder debe tener las cualidades de sabiduría, sinceridad, benevolencia, coraje y disciplina."*

**Reinterpretación:**

La comunicación política efectiva requiere líderes que proyecten estas cualidades para inspirar y mantener la confianza del público. La sabiduría, sinceridad, benevolencia, coraje y disciplina son esenciales para un liderazgo ético y empático.

**Aplicación:**

Los líderes deben demostrar un compromiso genuino con el bienestar de la comunidad. Actuar con integridad y empatía inspira respeto y lealtad, fortaleciendo la relación con los seguidores y promoviendo un liderazgo basado en valores.

## • Importancia del Tiempo y el Momento Adecuado: Actuar con Precisión

**Sun Tzu dice:**

*"El que llega primero al campo de batalla y espera al adversario estará descansado para la lucha; el que llega el último al campo de batalla y se apresura a combatir estará fatigado."*

**Reinterpretación:**

En comunicación política, el *timing* es crucial para maximizar el impacto de los mensajes. Actuar con precisión y oportunidad permite que los mensajes resuenen mejor y alcancen su objetivo sin generar desgaste innecesario.

**Aplicación:**

Planificar cuidadosamente el momento de lanzar una campaña o mensaje puede ser la clave del éxito. Estar atentos a los eventos actuales y las preocupaciones del público permite actuar en el momento adecuado y con el máximo efecto positivo.

- ## **Cohesión y Unidad Interna: Trabajar en Equipo**

**Sun Tzu dice:**

*"Cuando las tropas son fuertes y los oficiales débiles, el ejército es insubordinado."*

**Reinterpretación:**

La cohesión y la unidad dentro del equipo político son vitales. Una comunicación interna efectiva asegura que todos los miembros del equipo estén alineados y trabajando hacia los mismos objetivos, presentando un frente unido y eficaz.

**Aplicación:**

Fomentar un ambiente de colaboración y apoyo dentro del equipo fortalece la cohesión y la eficacia. La comunicación clara y el respeto mutuo son esenciales para construir un equipo sólido y comprometido.

# Capítulo 8: "La Civilización del Espectáculo" en la Comunicación Política

Mario Vargas Llosa, en su obra "La civilización del espectáculo", critica la transformación de la cultura contemporánea, señalando que hemos pasado de una civilización del conocimiento y la alta cultura a una centrada en el entretenimiento y la superficialidad.

Este cambio ha tenido repercusiones significativas en diversas áreas de la sociedad, incluyendo la política. En este capítulo, exploraremos cómo la cultura del espectáculo ha influido en la comunicación política y su impacto en la calidad del discurso público.

## 8.1 Superficialidad en la Comunicación Política

En la era de la civilización del espectáculo, los políticos han adoptado estrategias que priorizan la forma sobre el contenido. La superficialidad se ha convertido en una característica predominante de los discursos políticos, donde el objetivo principal es captar la atención del público en lugar de ofrecer propuestas sustanciales. Este fenómeno ha llevado a una comunicación política que se centra en lo llamativo y sensacionalista, en detrimento del análisis profundo y la argumentación bien fundamentada.

Ejemplos de esto incluyen el uso de frases pegajosas, eslóganes simplistas y promesas vacías que buscan resonar emocionalmente con el público, pero carecen de sustancia. Esta tendencia ha erosionado la calidad del debate político, transformándolo en un espectáculo donde lo que importa es el impacto inmediato, no las implicaciones a largo plazo.

## 8.2 Degradación del Periodismo Político

El periodismo, que tradicionalmente ha sido un pilar de la democracia al informar de manera objetiva y profunda sobre asuntos públicos, también ha sucumbido a la lógica del espectáculo. La búsqueda de audiencias y clics ha llevado a los medios a priorizar el sensacionalismo y las noticias de impacto sobre el análisis serio y la investigación rigurosa. Esto ha resultado en una cobertura política que a menudo se enfoca en escándalos, controversias triviales y personalidades en lugar de políticas públicas y debates de fondo.

Esta degradación del periodismo político ha tenido consecuencias graves para la democracia, ya que un electorado mal informado es más susceptible a la manipulación y menos capaz de tomar decisiones conscientes. La falta de profundidad en la cobertura mediática contribuye a una visión distorsionada de la realidad política, dificultando el desarrollo de un discurso público informado y coherente.

## 8.3 Cultura del Espectáculo y la Política

La política se ha convertido en un espectáculo mediático, donde los políticos actúan como celebridades y las campañas electorales se asemejan a shows televisivos. Esta tendencia ha transformado la forma en que los ciudadanos perciben la política y a sus representantes. En lugar de evaluar a los políticos por sus propuestas y su capacidad de liderazgo, el público a menudo se deja influir por su carisma, apariencia y habilidades mediáticas.

Este enfoque ha desvirtuado el propósito de la política, que debería centrarse en la resolución de problemas y la mejora de la sociedad. En cambio, la política-espectáculo promueve una competencia por la atención y el reconocimiento, donde las apariencias y las percepciones importan más que la eficacia y la integridad.

## 8.4 Crisis de la Educación Política

La crisis de la educación es otro aspecto clave señalado por Vargas Llosa. La trivialización de la cultura ha permeado el sistema educativo, donde se ha reducido el énfasis en la formación crítica y el aprecio por la alta cultura. Esto ha afectado la educación política, ya que los ciudadanos no están siendo preparados adecuadamente para participar de manera informada y crítica en la vida democrática.

La falta de educación cívica y política robusta contribuye a un electorado que es fácilmente influenciable por el espectáculo y las narrativas simplistas. Es fundamental recuperar una educación que fomente el pensamiento crítico, el análisis profundo y el compromiso con los valores democráticos.

## 8.5 Relegación del Intelectual en el Discurso Político

En esta nueva civilización del espectáculo, el papel del intelectual se ha visto relegado. Los intelectuales, que solían desempeñar un rol crucial en el debate público, aportando análisis y críticas profundas, han sido reemplazados por figuras mediáticas que carecen de profundidad y conocimiento. Esta sustitución ha empobrecido el discurso público, ya que se ha perdido la voz de aquellos que pueden ofrecer perspectivas bien informadas y reflexivas sobre los asuntos políticos.

Es vital recuperar la figura del intelectual comprometido, que pueda contribuir a un debate político más enriquecedor y constructivo. Los intelectuales deben volver a ocupar un lugar central en la discusión pública, aportando su capacidad de análisis y su visión crítica para mejorar la calidad del discurso político.

# Capítulo 9: Futuro de la Comunicación Política Pacifista

## 9.1 Desafíos y Oportunidades

Para avanzar en la teoría de la comunicación política pacifista, es crucial identificar y abordar tanto los desafíos como las oportunidades.

**Desafíos**

1. **Resistencia al Cambio**: Uno de los mayores obstáculos es la resistencia inherente al cambio. Muchos actores políticos y medios de comunicación están acostumbrados a un lenguaje confrontacional y bélico, y cambiar estas prácticas puede ser difícil.
2. **Inercia de los Medios de Comunicación**: Los medios de comunicación a menudo priorizan las noticias sensacionalistas y conflictivas, lo que puede dificultar la difusión de un enfoque pacifista. Las narrativas de confrontación tienden a atraer más atención y, por ende, más ingresos publicitarios.
3. **Polarización Existente**: La creciente polarización política y social puede exacerbar las divisiones y hacer que un enfoque pacifista parezca ingenuo o ineficaz. Las personas pueden estar menos dispuestas a escuchar y considerar puntos de vista diferentes en un entorno tan dividido.

**Oportunidades**

1. **Creciente Demanda de Transparencia**: Existe una creciente demanda de transparencia y honestidad en la política. Los ciudadanos exigen más integridad y claridad de sus líderes, lo que abre la puerta a una comunicación más abierta y pacífica.

2. **Influencia de las Nuevas Generaciones**: Las nuevas generaciones, particularmente los millennials y la Generación Z, tienden a valorar la inclusión, la diversidad y la empatía. Estos valores pueden impulsar una mayor aceptación de una comunicación política pacifista.

3. **Uso de Tecnologías Avanzadas**: Las tecnologías emergentes ofrecen nuevas formas de comunicación y análisis. Las herramientas digitales y las plataformas de redes sociales pueden facilitar una interacción más directa y positiva entre los políticos y la ciudadanía.

## 9.2 Innovaciones Tecnológicas

Las nuevas tecnologías ofrecen herramientas poderosas para apoyar una comunicación política más pacifista. Al adoptar estas tecnologías de manera estratégica, es posible promover un diálogo más constructivo y menos confrontacional.

**Redes Sociales**

Las redes sociales pueden ser una herramienta poderosa para promover el diálogo y la participación ciudadana de manera respetuosa y constructiva.

1. **Diálogo Directo**: Las plataformas sociales permiten una comunicación directa y bidireccional entre los políticos y los ciudadanos. Esta interacción puede humanizar a los líderes y fomentar un mayor entendimiento mutuo.

2. **Campañas Positivas**: Utilizar las redes sociales para difundir mensajes positivos y constructivos puede contrarrestar la negatividad y la confrontación. Las campañas que destacan la cooperación y el entendimiento pueden atraer a un público más amplio.

3. **Comunidades de Apoyo**: Crear comunidades en línea dedicadas a la promoción de la paz y la cooperación puede generar un espacio seguro para el intercambio de ideas y la construcción de consenso.

## Inteligencia Artificial

La inteligencia artificial (IA) puede desempeñar un papel crucial en la mejora de la comunicación política pacifista.

1. **Análisis de Discurso**: Implementar IA para analizar los discursos políticos puede ayudar a identificar y evitar el uso de metáforas bélicas y lenguaje confrontacional. Esto permite a los líderes ajustar su retórica para que sea más inclusiva y pacífica.
2. **Personalización de Mensajes**: La IA puede ayudar a personalizar los mensajes políticos de manera que resuenen mejor con diferentes segmentos de la audiencia, promoviendo la empatía y el entendimiento.
3. **Detección de Fake News**: Utilizar IA para identificar y combatir la desinformación puede mejorar la calidad del debate público y reducir la polarización.

## Medios Digitales

Los medios digitales ofrecen diversas oportunidades para educar y sensibilizar sobre la importancia de una comunicación política pacifista.

1. **Contenidos Multimedia**: Crear videos, infografías y podcasts que destaquen los beneficios de una comunicación pacifista puede ayudar a difundir estos valores de manera más efectiva.
2. **Plataformas Educativas**: Desarrollar plataformas en línea que ofrezcan cursos y talleres sobre comunicación no violenta y resolución de conflictos puede equipar a los ciudadanos y líderes políticos con las herramientas necesarias para un diálogo constructivo.
3. **Narrativas Interactivas**: Utilizar tecnologías como la realidad virtual y aumentada para crear experiencias

inmersivas que sensibilicen sobre los impactos de la comunicación violenta y los beneficios de la paz.

## 9.3 Visión a Largo Plazo

Para lograr una transformación sostenible hacia una comunicación política pacifista, es esencial tener una visión a largo plazo que abarque diversos aspectos de la sociedad y la política.

### Educación Continua

La educación continua es fundamental para promover una comunicación pacifista a todos los niveles.

1. **Formación de Líderes**: Implementar programas de formación continua para políticos y líderes comunitarios sobre técnicas de comunicación no violenta y resolución de conflictos.
2. **Currículos Escolares**: Incorporar la educación sobre comunicación pacifista y empatía en los currículos escolares desde una edad temprana, preparando a las futuras generaciones para un diálogo más constructivo.
3. **Capacitación de Medios**: Ofrecer programas de capacitación para periodistas y profesionales de los medios sobre cómo cubrir noticias de manera que promuevan la paz y la comprensión.

### Políticas Públicas

Implementar políticas públicas que apoyen el uso de un lenguaje pacifista en la política y los medios es crucial para institucionalizar este cambio.

1. **Regulación de Contenidos**: Establecer regulaciones que promuevan la responsabilidad en los medios de comunicación, incentivando la cobertura de noticias de manera imparcial y constructiva.

2. **Apoyo a Iniciativas Pacifistas**: Crear fondos y programas de apoyo para iniciativas y organizaciones que trabajen en la promoción de la paz y la comunicación no violenta.
3. **Fomento del Diálogo Intercultural**: Promover políticas que faciliten el diálogo intercultural y la cooperación entre diferentes grupos dentro de la sociedad.

## Cambio Cultural

El cambio cultural es esencial para que la comunicación pacifista se convierta en una norma aceptada y valorada.

1. **Promoción de Valores Pacifistas**: Iniciar campañas de concienciación pública que promuevan los valores de la paz, la empatía y la cooperación en todos los aspectos de la vida.
2. **Modelos a Seguir**: Destacar y celebrar a líderes y figuras públicas que ejemplifiquen una comunicación pacifista y constructiva.
3. **Participación Comunitaria**: Fomentar la participación comunitaria en proyectos que promuevan la paz y la resolución de conflictos, fortaleciendo el tejido social y el entendimiento mutuo.

# Conclusión:

## El Legado de la Comunicación Pacifista

A lo largo de estas páginas, se ha explorado la necesidad y el potencial de una comunicación política pacifista. Se ha analizado cómo el lenguaje, las metáforas y las narrativas pueden influir en nuestras percepciones y comportamientos, y cómo la adopción de un enfoque pacifista en la comunicación puede transformar el panorama político y social.

Se ha examinado la rica historia de paz de Costa Rica, desde la abolición del ejército hasta sus esfuerzos en la promoción de la paz a nivel internacional. Se ha visto cómo esta cultura de paz puede servir como modelo para otros países que buscan construir sociedades más justas, equitativas y pacíficas.

Sin embargo, también se ha identificado la persistencia de metáforas bélicas en el discurso político costarricense, lo que plantea un desafío y una oportunidad para alinear el lenguaje con los valores.

Al analizar el poder del lenguaje, se descubre cómo las metáforas bélicas pueden activar respuestas emocionales negativas, fomentar la polarización y deshumanizar a los oponentes políticos.

Se ha visto cómo los medios de comunicación pueden manipular el discurso público a través del uso de estas metáforas, creando una narrativa de conflicto y confrontación que socava la confianza en las instituciones y dificulta la cooperación.

Afortunadamente, también se han explorado alternativas positivas.

La comunicación política pacifista, basada en principios de colaboración, transparencia y respeto, ofrece un camino hacia un diálogo más constructivo y soluciones compartidas. Se han visto ejemplos de líderes y países que han adoptado este enfoque con éxito, como Jacinda Ardern en Nueva Zelanda, Sanna Marin en Finlandia y José Mujica en Uruguay. Estos líderes han demostrado que la empatía, la compasión y la honestidad pueden ser herramientas poderosas para unir a las naciones, resolver conflictos y construir un futuro mejor.

Se ha aprendido que la comunicación política pacifista no es una utopía inalcanzable, sino una estrategia viable y efectiva. Al adoptar metáforas positivas, como el viaje, la construcción y el cuidado, se puede cambiar la percepción de la política de un campo de batalla a un esfuerzo colectivo para construir un futuro mejor.

Al fomentar la transparencia y la honestidad, se puede restaurar la confianza en las instituciones y promover un debate público más informado y constructivo. Y al tratar a todos los actores políticos con respeto y dignidad, se puede reducir la polarización y crear un ambiente de cooperación y entendimiento mutuo.

## El Camino a Seguir

El futuro de la comunicación política pacifista es prometedor, pero también presenta desafíos. La resistencia al cambio, la inercia de los medios de comunicación y la polarización política son obstáculos que se deben superar. Sin embargo, las oportunidades son igualmente significativas.

La creciente demanda de transparencia, la influencia de las nuevas generaciones y el potencial de las tecnologías emergentes brindan herramientas poderosas para promover un cambio positivo.

Para avanzar en esta dirección, se debe invertir en educación y capacitación. Los programas de formación para políticos, periodistas y ciudadanos deben centrarse en el desarrollo de habilidades de comunicación no violenta, resolución de conflictos y pensamiento crítico.

Se debe fomentar una cultura de diálogo abierto y respetuoso, donde se valoren las diferencias y se busquen soluciones compartidas.

Los medios de comunicación tienen un papel fundamental en este proceso. Deben asumir la responsabilidad de informar de manera objetiva y equilibrada, evitando el sensacionalismo y la manipulación. Deben promover el diálogo constructivo y dar voz a diversas perspectivas. Y deben educar al público sobre la importancia de la paz, la cooperación y la comunicación no violenta.

El Tribunal Supremo de Elecciones (TSE) también tiene un papel crucial que desempeñar. Mediante la regulación y supervisión de las campañas electorales, la promoción de la transparencia y la imposición de sanciones a quienes violen las normas, el TSE puede garantizar un proceso electoral justo y equitativo, donde prevalezca la comunicación pacifista.

Pero el cambio no solo depende de las instituciones y los líderes.

Cada ciudadano tiene un papel que desempeñar. Como ciudadanos, se debe exigir una comunicación política más ética y constructiva. Se debe rechazar el lenguaje bélico y la polarización, y apoyar a los líderes que promueven la paz y la cooperación. Se debe participar activamente en el debate público, compartiendo ideas y perspectivas de manera respetuosa y constructiva. Y se debe educar sobre la importancia de la comunicación pacifista.

El camino hacia una comunicación política pacifista no es fácil, pero es esencial. Al adoptar este enfoque, se puede construir una sociedad más justa, equitativa y pacífica, donde prevalezcan los valores de la democracia, la cooperación y el respeto mutuo.

La comunicación política pacifista no es solo una teoría, es una práctica que puede transformar nuestra realidad y construir un futuro mejor para todos.

# Contacto

yo@mauriciovalerio.com